AUX ÉLECTEURS.

LA
RUE DE POITIERS!!

PAR

CASIMIR PERTUS.

> L'humanité est un être qui vit toujou[rs]
> et progresse sans cesse.
>
> — PASCAL.

PRIX : 20 CENT.

PARIS,

CHEZ TOUS LES MARCHANDS DE NOUVEAUTÉS.

1849.

AVIS AUX ÉLECTEURS.

Bourgeois et prolétaires, c'est à vous que ce livre s'adresse, à vous que l'on avait séparés en deux camps ennemis, lorsque, liés par les mêmes intérêts d'industrie, de commerce et de travail, vous êtes faits pour vous donner la main, afin de porter le plus haut possible la prospérité et la gloire de notre belle France !

Oh! c'était là un affreux malentendu que celui qui avait mis d'un côté *la blouse et la veste*, et de l'autre la *redingote et l'habit!* Bourgeois et prolétaires, ce malentendu, né de l'ignorance au milieu du désordre d'une révolution que l'on n'attendait pas, et qui venait saisir et surexciter brusquement mille esprits torturés et aigris par la compression, par les abus, fit sourire d'aise votre ennemi commun ; et, si vous n'y preniez garde, mal vous en adviendrait aux uns et aux autres.

C'est pour vous prémunir contre ce danger, qu'au moment où vont s'ouvrir les comices électoraux, je viens mêler ma voix à toutes celles des écrivains consciencieux qui devront vous avertir et vous conseiller.

Et d'abord, je veux établir ici combien est illogique et insensée cette distinction entre le bourgeois et l'ouvrier. En descendant cette échelle sociale qu'on aime à dresser, pourrait-on m'indiquer où commence le *bourgeois*, où finit l'*ouvrier*? Est-ce que ce patron qui travaille au milieu de ceux qu'il emploie, n'est qu'un bourgeois? N'est-il pas en même temps ouvrier? S'il en était autrement, le plus humble ressemeleur au fond de son échoppe, ne serait plus aussi qu'un *bourgeois*, rougissant du noble titre d'ouvrier. De cette façon, comme on le voit, la bourgeoisie aurait de gros bataillons à opposer à l'armée des prolétaires. Mais, non, il ne s'agit plus de cette sorte de distinction; il n'y a plus que des CITOYENS sous le drapeau de la Liberté, de l'Egalité et de la Fraternité, manifestant leurs volontés par le suffrage universel. Et pourtant, c'est bien l'espérance de ces gros bataillons qui a donné de l'audace aux ennemis intéressés de la Révolution. Oui, ils ont compté sur l'ignorance et le désordre de cette distinction de *bourgeois* et d'*ouvriers* pour raffermir à jamais leur domination ébranlée.

Bourgeois et prolétaires, ouvrez les pages de l'histoire, et vous verrez par les faits accomplis dans toutes les révolutions qui se sont succédées, que vous êtes depuis longtemps en communion d'intérêts, et que vous ne pouvez rien les uns sans les autres.

Bourgeois, si vous apportiez aux Etats-Généraux de 89 l'idée d'une révolution à opérer, vous prolétaires, vous faisiez faire le premier pas à cette Révolution en lui donnant à fouler les ruines de la Bastille. alors, bourgeois et prolétaires, vous combattiez la domination qui se trouve encore aujourd'hui devant vous sous sa dernière forme.

Cette domination toujours vaincue à travers les luttes de tous les âges, et trouvant sans cesse de nouveaux retranchements, est arrivée à sa dernière phase.

D'abord, dans les premiers temps de la barbarie, elle est errante et nomade; partout où elle passe, terrible comme la foudre, armée d'une massue ou d'une hache, elle terrasse, elle égorge ses victimes dont elle prend les dépouilles; ensuite, elle s'arrête et se fixe; elle s'empare de la terre et de ses habitants qu'elle courbe sous son glaive.

Dans le moyen âge, elle ne possède plus que la terre; portant haut son épée derrière les murs crénélés du fief féodal, elle ne commande plus à des esclaves, mais seulement à des serfs.

Plus tard au fief avec l'autorité féodale succèdent les domaines avec seulement les titres nobiliaires, parchemins qui lui procurent les priviléges de naissance.

Aujourd'hui que ses domaines ont été indéfiniment divisés et ses parchemins déchirés par la Révolution, cette indomptable domination s'est accrochée au *papier timbré*, avec lequel elle obtient tous les priviléges de l'usure, parce qu'elle a de l'or plein les poches.

Ainsi, vous le voyez, sa domination est arrivée à son dernier retranchement.

On peut donc diviser son existence en cinq phases: *Meurtre* ou retranchement du vaincu avec rapt de ses dépouilles; *esclavage* ou possession de l'homme et de la terre; *fief* ou possession de la terre seule avec l'autorité féodale; *domaine* ou possession de la terre avec seulement les droits attachés aux titres privilégiés de naissance, et enfin *capital* ou possession du numéraire avec tous les bénéfices de l'usure.

Ces cinq phases se manifestent par *le glaive*, par *l'épée*, par *les titres* et par *les écus*, nous ont montré successivement après le *vainqueur barbare*, le *conqué-rant*, après le conquérant le *seigneur féodal*, après le seigneur féodal, le *gentillâtre*, après le gentillâtre, le *capitaliste*.

En effet, après avoir examiné d'un coup d'œil rapide ces changements subséquents et tous plus profonds les uns que les autres de la société, changements qui en appellent logiquement et nécessairement un dernier au profit du **TRAVAIL** contre le **CAPITAL**, tout aussi réalisable que les précédents, portons un peu nos regards dans les replis de la situation actuelle ; passons en revue la classe industrielle et commerçante, si nombreuse, si obérée, si rançonnée, si opprimée, et qui, pourtant, tient aujourd'hui en ses mains, sans s'en douter, le véritable droit, la véritable puissance faite pour anéantir toute domination usurpée.

Au premier plan, nous voyons l'ouvrier, le producteur, le consommateur par priorité ; son travail journalier fait vivre le patron ; et, sans les tristes calculs de l'usure, tous deux seraient contents de leur sort.

Vient ensuite la classe innombrable des petits commerçants qui revendent à l'ouvrier les produits sortis de ses mains. Plus l'ouvrier travaille, plus les petits commerçants vendent, et plus par conséquent les grands magasins, dépôts ordinaires du fabricant, font d'affaires considérables avec les petits commerçants. Ainsi tout s'enchaîne.

Mais qu'apercevons-nous au sommet de ce corps social d'industriels, de travailleurs et de commerçants ? C'est un spéculateur oisif, qui n'a d'autre mérite qu'un capital amassé, on ne sait comment, et qui pèse de tout le poids de ce capital sur la circulation des produits. A lui la prime des bénéfices du fabricant et du marchand. Il fait sur toute denrée, qu'il accumule ou accapare à son gré, la *hausse* et la *baisse*, et ruine tout le monde à son profit et a celui de quelques compères. Cependant, c'est de tous le moins occupé, le moins compromis ; il impose ses lois usuraires à tous, et tous, depuis le premier jusqu'au dernier, lui paient le tribut forcé du crédit qu'il daigne accorder. Le marchand, pour le satisfaire, se voit forcé de tromper sa clientelle, de traiter au rabais avec le fabricant ; et celui-ci, pour vivre, est obligé de diminuer le prix de main-d'œuvre. L'ouvrier, n'étant plus suffisamment payé ni occupé, ne consomme plus ; les petits marchands ne lui vendant plus, ne se fournissent plus, de leur côté, aux grands magasins qui restent remplis et cessent à leur tour de faire travailler le fabricant.

Vous le voyez, tout souffre ; le capitaliste, seul, réalise toujours ses bénéfices ; car il ne veut pas, lui, que la consommation ait une grande extension ; son intérêt est au contraire dans sa restriction. Alors il y a encombrement de marchandises, qu'il accapare à vil prix. Il arrive, tôt ou tard, soit par suite d'une année peu fertile, soit par toute autre circonstance, que la consommation devient urgente dans une certaine limite, et le capitaliste revend avec usure.

C'est ainsi que ce parasite du travail arrête la circulation des produits, au lieu de l'activer comme quelques-uns le prétendent avec mauvaise foi ou le croient par ignorance.

En un mot, le capitaliste spécule sur la gêne publique, et la misère est un vaste champ où germe pour lui l'abondance.

Triste vérité d'un mal que tout le monde voit, que tout le monde palpe, que tout le monde reconnaît, dont tout le monde se plaint, et que tout le monde redoute de voir disparaître, parce qu'on n'a pas assez la conscience du remède à apporter à ce mal, parce que l'ignorance rend timide, parce qu'on sent qu'il faudrait un accord général, une entente parfaite pour s'affranchir de la domination abusive du *capital*, et que cette entente, cet accord semblent impossibles.

Pourquoi cette croyance, quand les intérêts sont les mêmes ? C'est précisement parce que bourgeois et prolétaires n'ont pas bien envisagé jusqu'ici leurs intérêts en commun, que cette fausse croyance s'est répandue.

Il est temps de secouer la léthargie de l'erreur ! Ne nous passionnons plus pour des mots et pour des noms propres; raisonnons, calculons les choses, et, nous rencontrant tous vers le même centre d'intérêts nous aurons résolu le grand problème de l'entente générale, de l'accord parfait. Alors la domination du capital sera vaincue de telle sorte qu'il cède le pas au travail; la domination du capital qui, depuis plus de cinquante ans, a exploité à son seul profit tous les gouvernements successifs qu'elles a perdus et exploité *encore celui d'aujourd'hui*, qu'elle perdra également, parce qu'elle n'a point de bornes dans ses prétentions et qu'il vient tôt ou tard un jour où elle attire la tempête sur elle et sur ceux qui la suivent.

C'est donc dans les ténèbres de l'ignorance que sous toutes ses formes dont nous avons parlé, cette domination a toujours tenu sa tente dressée; toutes les fois que l'idée est venue y jeter ses éclairs lumineux, véritable hibou de l'intelligence elle a suivi les ténèbres qui reculaient.

C'est ainsi successivement, par cette sorte de lutte de la lumière de l'idée contre la nuit de l'ignorance que le meurtre du vaincu a fait place à l'esclavage;

Que les aspirations du christianisme ont détruit l'esclavage en y laissant substituer le servage.

Que la science politique, visant à l'unité et par là à la force, a battu en brèche et fait s'écrouler la féodalité rivale de la royauté.

Que les raisonnements de la philosophie ont déraciné le servage en faisant surgir en son lieu le prolétariat.

Et qu'enfin, aujourd'hui, les questions sociales progressivement et pacifiquement résolues feront disparaître le prolétariat pour établir l'égalité non de fortune mais d'accessibilité à la fortune.

Tel est le dernier problème que nous avons à résoudre, problème dont la solution est moins difficile que celles des précédents parce que tout le chemin qu'à déjà fait la lumière de l'idée pour arriver jusqu'ici lui a donné de plus en plus d'éclat. Et pourtant que de difficultés l'ignorauce dresse encore autour de nous ! quels cris d'alarmes n'entendons nous pas pousser de toutes parts! que de dérisions, que de sarcasmes ne soulevons-nous pas sur notre route, pauvres rêveurs que nous sommes.

Ne nous en étonnons point : il en fut ainsi lors de l'apparition de la morale du Christ, ce sublime utopiste, qui en combattant le dogme de l'esclavage, mérita de mourir sur la croix, comme un perturbateur de l'ordre public !

Les grands privilégiés, les fameux rétheurs, les fortes têtes de cette époque aiguisaient, alors comme argument, cette terrible question : « Comment « voulez-vous que le monde existe sans l'esclavage « quand ceux qui font produire la terre s'appar- « tiendront et pourront ne pas travailler s'ils le « veulent, comment pourrons-nous vivre ? » Et aux esclaves ils démontraient que leur sort serait à déplorer, quand ils ne seraient plus sous la protection de leurs maîtres.

Louis XI, Richelieu furent traités d'insensés par leurs barons, parce qu'ils étaient forcés d'élever contre leur puissance celle de la nation par des efforts constants vers l'unité gouvernementale. Et les souteneurs de la féodalité disaient alors, que c'était là la destruction de la puissance française ; quand eux en étaient les vrais destructeurs et l'épuisaient en armant à chaque instant leurs vassaux pour des guerres intestines de suzerain contre suzerain.

Les philosophes furent bafoués et conspués lorsqu'ils se firent les champions d'une société future qui est celle dont nous combattons aujourd'hui les abus. Alors, les bons raisonnements ne manquèrent pas pour prouver que ces prétendus réformateurs étaient des fous et des damnés. Et quand, sous leur souffle, la tempête révolutionnaire se fut allumée, les privilégiés de ce temps là, la noblesse et le clergé, rivalisèrent d'éloquence pour la conjurer, ce dernier surtout qui, par la voix du célèbre abbé Maury, lançait à l'encontre des réformes cette formidable argumentation. « Vous prétendez enlever les biens du « clergé, mais c'est le pain des pauvres que vous « voulez ravir ; car le clergé ne *vit que de jeûnes et de privations*. Et tandis que les bonnes âmes ignorantes et crédules se laissaient émouvoir par ce raisonnement pathétique, les ventres rebondis des bons abbés devaient se gonfler encore d'aise en s'entendant défendre par un si fort logicien.

Aujourd'hui, mêmes récriminations : « Comment, « nous dit-on, vous voulez faire la guerre au capi- « taliste ? mais c'est vouloir la ruine du commerce « et de l'industrie, puisque c'est le capitaliste seul « qui peut les faire fonctionner.

Bourgeois et prolétaires, je vous ai démontré plus haut combien est faux un pareil raisonnement, car il est bien avéré que le capitaliste consomme le moins qu'il peut, pour livrer tous ses moyens à la spéculation, et que, par cette odieuse spéculation, il a intérêt à arrêter la circulation des produits. Donc le capitaliste n'est que le vampire de l'industrie et du commerce, au lieu d'en être le protecteur.

Vous venez de le voir successivement, la domination, en reculant toujours, a pris constamment pour retranchement l'ignorance soit des esclaves de la force, soit des opprimés du privilége; aujourd'hui encore, elle se tient embusquée derrière celle des rançonnés du capital.

Mais il y eut un moment où la domination dut trembler pour son règne: ce fut quand le Christianisme eut envahi le monde des éclats de sa lumière. C'en était fait d'elle, car les ténèbres de l'ignorance allaient être dissipées.... Aussi, songea-t-elle bien vite à pactiser ave cet ennemi redoutable en s'alliant l'autorité des ministres du Christ.

C'est ainsi que le clergé qui devait anéantir la domination en répandant la grande instruction égalitaire de Jésus, devint participant de cette domination, et comme par une permission ironique de la providence, alla jusqu'a l'absorber presque toute entière dans la personne du Pape, qui, fort de l'ignorance des peuples, les tint pendant longtemps, ainsi que leurs rois, sous la férule de l'excommunication.

Voilà comment la doctrine du Christ, mal interprétée par ses ministres, déserteurs de sa loi d'abnégation, devint le code d'une tyrannie constamment menaçante et montrant toujours un Dieu en courroux, au lieu d'être le grand traité de l'émancipation du genre humain sous le regard paternel d'un Dieu de bonté et de justice.

Voilà comment nous trouvons, en 1789 le clergé faisant, avec ses riches abbayes et ses opulents domaines, partie intégrante du gouvernement et formant avec la noblesse les deux corps privilégiés de l'état.

Voilà comment tous, ces usurpateurs des droits de l'humanité ont courbé si long-temps nos fronts sous cette devise sacrilège DIEU et le ROI, qu'ils avaient substituée à celle de Jésus! LIBERTÉ, EGALITÉ, et FRATERNITÉ.

La philosophie qui, jusqu'alors, n'ayant qu'un rôle limité comme ses investigations, n'avait pas étendu son horizon au delà du cabinet du savant et des bancs des écoles, s'élança tout à coup dans l'arêne du monde. Elle avait puisé de nouvelles inspirations dans cette portion du Tiers état à qui les moyens pécuniaires avaient permis d'acquérir la science, du Tiers état sur lequel pesaient, depuis si long-temps, toutes les charges découlant des nombreux privilèges de la noblesse et du clergé. Elle marche éclairée par le flambeau de la Raison qui va raviver l'éclat lumineux de l'idée sur laquelle les ministres subornés de la religion avaient mis un éteignoir complaisant. Impitoyable et railleuse, elle harcelle la domination partout où elle la rencontre; elle signale chaque pas qu'elle fait par une victoire; à droite, à gauche, devant elle, en tous lieux elle sape l'erreur, et du sein des décombres, qu'elle a entassés autour d'elle, surgit une nouvelle société qui ne doit être que l'initiatrice de la grande famille universelle de la Fraternité.

Cette société initiatrice est celle d'aujourd'hui dont les souteneurs intéressés méconnaissent l'origine, en voulant la rendre stationnaire et éternelle, à tel point qu'imitant les faux disciples de Jésus, ils s'époumonnent à souffler pour éteindre l'idée qui les a fait arriver au point où ils en sont.

Voilà l'œuvre de la domination infatigable qui, ayant vu, tour à tour, la hache, le glaive, l'épée, les parchemins se briser et se déchirer entre ses mains, prétend livrer un dernier combat derrière la barricade des sacs d'argent.

Cette fois, néanmoins, elle, qui jusqu'ici ne procédait que par la violence physique, s'est faite raisonneuse, moyennant force insultes et calomnies fangeuses. Après avoir senti toutes ses forteresses s'affaisser sous ses pieds, elle s'est construit une sorte de Bastille intellectuelle avec un nouveau Delaunay, qui est déjà pendu à la potence de l'opinion publique.

Cette nouvelle Bastille, c'est la rue de Poitiers; quant au nouveau Delaunay, je n'ai pas besoin, pour le faire connaître, d'aller demander son nom à la femme spirituelle qui l'a baptisé en prenant Mirabeau, pour son parrain et une mouche, probablement vénéneuse, pour sa marraine.

Vains efforts; la domination verra cette nouvelle Bastille s'écrouler sous les éclats de rire du bon sens du peuple, comme elle a vu l'autre tomber sous les coups vengeurs de sa force.

Oui, la domination en est à ses derniers expédients; elle cherche à rallier autour d'elle tous les débris des éléments de ses anciennes phases; ne voyons-nous pas dans ce cénacle de la rue de Poitiers, les fils des seigneurs féodaux, les héritiers, par présomption, de l'ancien clergé, les princes de la banque se tenir unis et former un cercle autour d'elle? Ne voyons-nous pas, sous son regard béat, la foi s'entretenir amicalement avec le scepticisme, et l'archange Gabriël donner une poignée de main au diable cornu qu'il tenait autrefois terrassé sous son talon ! comme Voltaire rirait s'il vivait de notre temps !

En un mot, la rue de Poitiers est une véritable Babylone où l'on parle le légitisme, l'impéralisme, l'orléanisme, voir même le jésuitisme, le tout délayé dans un patois forgé au nom de l'ordre ; écoutez plutôt les premières paroles de son fameux manifeste : *« En présence des graves dangers auxquels la France a été exposée dans ces derniers temps, des hommes de* TOUTE OPINION, *de* TOUTE ORIGINE, *se sont réunis pour défendre en commun la société menacée. Bien que les uns et les autres, rangés autrefois dans des* PARTIS DIFFÉRENTS, *se fussent* LONGTEMPS *et* VIVEMENT *combattus, ils ont oublié leurs anciennes divisions pour s'unir contre l'anarchie. »*

Bravo ! messieurs de la rue de Poitiers ; mais, je vous le demande, maintenant que vous voilà fusionnés en salmigondis politique, que ferez-vous si vous parvenez à dominer la France du haut de votre forteresse ? Vous reprochez à certains écrivains, à certains orateurs de ne faire que montrer les plaies virulentes de la société, et vous criez à l'anarchie quand on émet des idées de médication au mal qui nous dévore. Eh bien ! vous qui reconnaissez et déplorez d'une voix burlesquement humanitaire tous ces vices gangréneux de la société, je vous le demande encore une fois, que comptez-vous faire ? Car enfin ; quand on s'offre comme les sauveurs d'une société prête à naufrager, il faut au moins annoncer ses moyens de sauvetage.

15

Mais parlons franchement, vous ne voulez aucun moyen, parce que tous demanderaient plus ou moins de sacrifices à votre égoïsme qui, comme dit le psalmiste, a des yeux pour ne pas voir, des oreilles pour ne rien entendre, et une bouche pour ne pas parler....

Je me trompe : messieurs de la rue de Poitiers, ont des yeux assez perspicaces pour voir qu'ils sont au bord de l'abîme où doit s'engloutir la tyrannie du capital, dont ils sont les heureux privilégiés; ils ont des oreilles assez grandes pour entendre les justes plaintes des rançonnés de toutes les classes des petits bourgeois et des prolétaires; ils ont une bouche assez éloquente pour crier de leur plus grande voix : Sus à la République qui veut mettre un frein à leur voracité de pouvoir et de fortune. Voilà pourquoi ils ont fait un appel à toutes les bourses bien pensantes pour ne pas dire bien pesantes, afin que le capital sauve le capital; et celui-ci d'accourir et de tomber dans le gouffre qui a déjà dévoré plus de deux cent mille francs pour produire quoi ? On est encore à se le demander dans le monde inquiet des souscripteurs.

Oh ! c'est que la grande famille des journalistes de l'espèce de Granier de Cassagnac, qui avant d'être le croque-mitaine du socialisme, fut le fameux croque-argent du journal l'*Epoque*, sait se mettre à la curée lorsqu'une bonne aubaine se présente. Telle est la moralité de la cause capitaliste, qu'intéressés soudoyant, souteneurs soudoyés, se hâtent avant toute chose de satisfaire leur appétit glouton.

Et ce sont là les hommes qui se posent comme les Anges-Gardiens de la société, quand ils ont en main la fourche de Satan pour éventrer la Raison qui, devenue puissante dans sa marche, veut continuer sa route vers la grande réalisation du progrès de l'avenir.

Bourgeois et prolétaires, vous rangerez-vous sous la bannière d'emprunt de ces hommes qui, comme ils l'avouent hautement, ont divers drapeaux, si bien qu'ils pourraient en faire un vêtement convenable au petit arlequin politique devenu leur grand général ? Vous craignez les secousses révolutionnaires, eh bien ! ces hommes-là sont ceux qui les font naître ; ils ne comprennent pas ou plutôt ils ne veulent pas comprendre que la révolution, c'est la vie de l'humanité, comme le sang est la vie de l'homme, et qu'il faut par conséquent régulariser son cours, et non l'arrêter, pour qu'ensuite il devienne impétueux et terrible.

Les uns veulent rappeler la famille d'Orléans, alléguant que la révolution de février ne fut qu'une surprise, Moi, je leur répondrai qu'on revient de sa surprise et qu'il fallait que le pouvoir fut bien dégradé pour que la surprise se fît autant attendre dans ses effets rétroactifs.

Les autres veulent l'empire; mais comme l'a dit Châteaubriand, l'empire est impossible sans l'Empereur; et si vous saviez, bons bourgeois et braves prolétaires, combien il vous en coûterait pour payer les frais d'une nouvelle cour impériale où une foule de conspirateurs va nu-pieds et déguénillés ont hâte de prendre un rôle plus brillant que celui qu'ils jouèrent à Strasbourg et à Boulogne.

Quelques-uns, enfin, ceux qui n'ont rien appris, rien oublié, veulent que vous déliez les cordons de vos bourses pour rétablir les trente millions de liste civile du petit fils de Charles X et pour reconstituer dans leurs antiques priviléges ses féaux amis tant fidèles ! dynastiques ou impérialistes quels qu'ils soient sauront toujours se faire payer.

Non, vous ne voudrez pas être encore les victimes

de ces fous qui veulent nier le mouvement progressif de l'humanité parce qu'il leur fait tourner la tête dans l'ivresse de leur égoïsme.

Non, vous ne voudrez pas rester les très humbles, vasseaux du capital, lui qui devrait être votre serviteur reconnaissant.

Bourgeois et prolétaires, nommez donc des républicains qui veulent la République avec toutes ses conséquences autant pacifiques que progressives ; et alors la révolution ne vous effraira plus ; elle sera ce qu'elle doit être la marche de l'humanité ; car, comme l'a dit Pascal, l'humanité est un être qui vit toujours et progresse sans cesse.

CASIMIR PERTUS.

FIN.

Imprimerie de Maistrasse et comp., place du Chevalier-du-Guet 3.